AF247866

NOTE

SUR LES

COMITÉS RÉVOLUTIONNAIRES

DE TULLE

Par Georges MATHIEU

Archiviste de la Corrèze

LIMOGES

IMPRIMERIE-LIBRAIRIE-PAPETERIE-RELIURE

DUCOURTIEUX & GOUT

7, RUE DES ARÈNES, 7

1910

NOTE

SUR LES

COMITÉS RÉVOLUTIONNAIRES

DE TULLE

Par Georges MATHIEU

Archiviste de la Corrèze

LIMOGES

IMPRIMERIE-LIBRAIRIE-PAPETERIE-RELIURE

DUCOURTIEUX & GOUT

7, RUE DES ARÈNES, 7

1910

Note sur les Comités révolutionnaires de Tulle

Le Gouvernement révolutionnaire ne s'exerça pas seulement par l'intermédiaire des représentants en mission et des agents nationaux (1), mais aussi par des groupements d'origine démocratique et élective : sociétés populaires et comités révolutionnaires; c'est grâce aux communes que naquit et se fortifia le Gouvernement de 1793; or ces assemblées furent les organes essentiels de la vie municipale d'alors.

Il peut paraître utile de donner, au préalable, quelques renseignements généraux sur ces comités, avant de montrer succinctement comment fonctionnèrent ceux de Tulle : tandis que les sociétés populaires étaient de formation spontanée, c'est d'une loi de la Convention que sortirent les comités, la loi du 21 mars 1793, qui dispose en ces termes : « Il sera formé dans chaque commune de la République..... un comité composé de douze citoyens » (art. 1er); « Le comité de la commune ou chacun des comités des sections de commune, sera chargé de recevoir, pour son arrondissement, les déclarations de tous les étrangers actuellement résidant dans la commune, ou qui pourront y arriver » (art. 4); « Tout étranger né dans les pays avec les Gouvernements desquels les Français sont en guerre, qui, en faisant sa déclaration, ne pourra pas justifier devant le comité, ou d'un établissement formé en France, ou d'une profession qu'il y exerce, ou d'une propriété immobilière acquise, ou de ses sentiments civiques, par l'attestation pe six citoyens domiciliés d puis un an dans la commune.... sera également tenu de sortir.... sous huit jours du territoire de la République » (art. 8).

(1) Décret des 14-16 frimaire an II (4-6 décembre 1793). On y lit (section II, art. 1) : « La Convention nationale est le centre unique de l'impul ion du Gouvernement ; art. 2 : « Tous les corps constitués et les fonctionnaires publics sont mis sous l'inspection immédi te du comité de Salut public... art. 14 : « A la place des procureurs syndics de district, des procureurs de comm nes et de leurs substituts..., il y aura des *Agents nationaux*, s écialement chargés de requérir et de poursuivre l'exécution des lois. »

Ces comités dont ne pouvaient faire partie ni les ecclésiastiques, ni les ci-devant nobles ou seigneurs de l'endroit, ou leurs agents, furent d'abord dits *de surveillance*, et c'est le nom qu'ils portèrent le plus souvent en province; à Paris, on les désigna de préférence sous le nom de *comités révolutionnaires*; d'avril à septembre 1793, cette institution changea de caractère; certains comités s'attribuèrent des pouvoirs généraux de surveillance policière qui dépassaient le cadre de leurs fonctions; il se forma aussi dans les villes ou dans les départements, des comités dits de *Salut public* qui, parfois absorbèrent les premiers, ou parfois au contraire, fonctionnèrent parallèlement à eux; le décret du 17 septembre 1793 sanctionna l'état de fait existant : il stipule, en effet, que les comités de surveillance établis d'après le décret du 21 mars dernier, *ou ceux qui leur ont été substitués...*, sont chargés de dresser chacun dans son arrondissement, la liste des gens suspects, de décerner contre eux les mandats d'arrêt, et de faire apposer les scellés sur leurs papiers (art. 3); les prisonniers devaient être transférés dans les bâtiments nationaux que les administrations de département étaient tenues.... de faire préparer à cet effet (art. 6); « Les comités de surveillance enverront sans délai au comité de Sûreté générale de la Convention nationale l'état des personnes qu'ils auront fait arrêter, avec les motifs de leur arrestation... » (art. 9).

A partir du 14 frimaire, ces comités ne furent plus que rarement élus par le peuple; une disposition de cette loi les concerne : « L'application des lois révolutionnaires et des mesures de sûreté générale et de salut public, est confiée aux municipalités et aux comités de surveillance ou révolutionnaires, à la charge..... de rendre compte, sous les dix jours, de l'exécution de ces lois au district de leur arrondissement, comme chargé de leur surveillance immédiate » (section II, art. 8).

Les documents qui nous restent du comité de Tulle, sont partie aux archives du Département (série L IV), partie aux archives de la Ville. Ces derniers sont surtout relatifs à toutes les opérations concernant les scellés et qui étaient dévolues aux comités; il faut remarquer qu'il y avait à la fois à Tulle un comité communal, appelé souvent *comité de surveillance et révolutionnaire*, et un comité central de surveillance pour le département de la Corrèze (1); ce dernier est plusieurs fois,

---

(1) D'après M. de Seilhac, (*Scènes et portraits de la Révolution en Bas-Limousin*, pp. 477 et suiv.), le comité central, divisé en deux sections, fut réorganisé le 29 brumaire an III par le représentant du peuple Lanot. M. de Seilhac parle de registres des comités qui seraient aux archives de la ville; actuellement, ils n'y sont plus.

dans les actes, dit de *Salut public*, dès 1793 (ou : comité de salut public près le département de la Corrèze); les comités de ce genre, autorisés ou tolérés par le décret du 17 septembre 1793, comme nous l'avons vu, furent formellement abolis par le décret du 14 frimaire an II, qui dispose (section III, art. 17), que « tous congrès ou réunions centrales établies, soit par les représentants du peuple, soit par les Sociétés populaires, quelque dénomination qu'elles puissent avoir, même de *comité central de surveillance*, ou de commission centrale révolutionnaire ou militaire, sont révoquées et expressément défendues par ce décret, comme subversives de l'unité d'action du Gouvernement et *tendant au fédéralisme* (1); et celles existantes se dissoudront dans les 24 heures, à compter du jour de la publication duprés ent décret ».

Quoiqu'il en soit, ce comité a fonctionné à Tulle, concurremment avec le comité de la commune; comme lui, il tenait des séances régulières, avait des registres d'arrêtés et de délibérations; mais il exerçait un droit de surveillance et de police sur toute l'étendue du département, et y ordonnait l'arrestation des citoyens suspects : c'est ainsi, par exemple, qu'en octobre 1793, averti que Jacques-Joseph et Jean Soustres, frères, fermiers et féodistes, étaient des fondateurs du comité contre-révolutionnaire du district de Tulle, et du club monarchien « Les amis de la paix », le comité décide que les deux frères seront arrêtés comme suspects; le même jour, il ordonne d'appréhender les sieurs Parjadin et Monbrial, accusés d'avoir conseillé de ne pas payer d'impôts, et d'avoir « embauché pour Coblentz ».

Le comité central citait souvent à sa barre les individus qu'on lui avait dénoncés; la formule ordinaire de l'interrogatoire était la suivante (2) : Aujourd'hui, tel jour de tel mois de l'an

(1) Le *fédéralisme*, et aussi l'état d esprit qui avait provoqué l'insurrection fédéraliste et girondine, fut pourchassé sans merci par la Convention; on peut lire à ce propos, les décrets des 9 et 12 juillet 1793, 3 et 4 août, 12 août 1793, 22 frimaire an II, etc.

(2) On sait que la dénonciation pour cause d'utilité publique, si l'on peut dire, était parfaitement admise en 1793 : la loi du 28 mars 1793, qui constitue le véritable code de l'émigration, dispose (section XI, art. 72 et 73) en ces termes : « Tous les citoyens pourront dénoncer aux Directoires de district ou de département les émigrés omis sur les listes.... tout citoyen qui fera connaître des biens d'émigrés qui auront été recélés ou omis dans les listes, aur· la 1 ᵉ partie de ces mêmes biens ».

nᵉ de la République française, une et indivisible, Nous, membres du comité central (ou de salut public) du département de la Corrèze, avons fait amener devant nous un tel, habitant de tel lieu, mis en état d'arrestation (ou simplement inculpé suivant le cas), à l'interrogatoire duquel il a été procédé de la manière suivante : interrogé si..... a répondu que.... etc., clos et arrêté les jours, mois et an que dessus, lecture faite audit..... qui a signé avec nous (suivent les signatures).

Les motifs d'arrestation nous semblent aujourd'hui parfois un peu fragiles : ainsi, à la séance du 12 mai 1793, le comité (1), considérant que le citoyen Meynart de Combret a reçu une lettre datée de Venloo, « que les principes les plus inciviques sont manifestés dans cette lettre et que les conseils et avertissements qui sont donnés à la personne à qui elle est écrite, pourraient compromettre la sûreté publique », arrête que le nommé Meynart de Combret sera appréhendé et conduit incessamment dans la maison d'arrêt du district d'Ussel.

La même mésaventure arriva au citoyen Charein, négociant à Tulle, qui reçut une lettre timbrée et datée de Lausanne; le comité l'ouvrit et y trouva 5 assignats de 400 livres, envoyés au sʳ Charein par son neveu, un ci-devant abbé; ces assignats furent reconnus faux par le comité, sur pièces de comparaison; le citoyen Charein eut toutes les peines du monde à se tirer de ce mauvais pas; il dut affirmer, sous serment, que cette somme était le paiement d'une dette contractée envers lui par son neveu et, « qu'il n'avait jamais eu d'autre liaison avec ce dernier »; le comité, vu la bonne réputation de l'inculpé déclare alors « qu'il n'est pas atteint par la loi ».

Le comité central correspondait avec les municipalités et comités de surveillance du département (2), leur donnait des conseils, les mettait en garde contre les agissements de tels ou tels habitants qui lui avaient été signalés comme sujets à caution , ou leur ordonnait de se renseigner sur leur compte; il correspondait aussi, parfois, avec les municipalités et comités des départements voisins : le 26 avril 1793, par exemple, il envoie au comité du Cantal « 3 lettres sans signature, qui provoqueront, peut-être, (de sa part), des mesures utiles ».

Il déléguait aussi certains de ses membres dans les districts du département pour les inspecter, les ramener dans le devoir s'il y avait eu une émeute, etc.

(1) Présidé par le citoyen Maisonneuve; les cit. Ventéjoul, Bassalert, Sarrazac et Chassaigna , membres présents.

(2) Outre, bien entendu, le comité de Sûreté générale de la Convention.

C'est ainsi qu'en frimaire an II, les « commissaire délégués du département et Comité central de la Corrèze pour le district d'Ussel, » rendent compte de leurs opérations au Directoire et Comité central de Tulle; ils ont trouvé les autorités constituées, « composées de vrais sans-culottes, et remplies de zèle et d'activité pour la chose publique ».

Plusieurs documents, portent le sceau du comité central; en voici la description sommaire : cachet ovale, de 35 ^{mm} sur 17, cire rouge; légende : Département de la Corrèze; comité de surveillance; dessin : faisceau traversé par une pique coiffée du bonnet phrygien; les faisceaux sont accostés de rinceaux de feuillages et des mots : liberté, égalité.

Les membres du comité étaient en octobre 1793 : les citoyens Malpeyre, président; Vialle, Villeneuve, Vastron, Bessac, Moncourrier, Bardon, Juge, Rousset, et Sauty, procureur-général; Dulignon, secrétaire; et, en décembre 1793 : Vachon, président; Moulins, Boyer, Tournadou, Moncourier, Lachaud, Claireye, Bardon et Bruilhe; peu de séances furent tenues par le comité après frimaire an II; il y en a néanmoins quelques-unes, ce qui prouve qu'il n'obtempéra pas sur le champ aux ordres de la Convention (1).

Plus nombreuses sont les pièces émanant du comité de surveillance de la commune de Tulle; la procédure, les formes y étaient l s mêmes qu'au comité central; le plus souvent, il agissait à la suite de dénonciations; celles-ci n'étaient pas toujours anonymes; leur auteur venait, parfois, devant le comité et accusait, en se nommant; voici deux formules qui reviennent à plusieurs reprises :

« Le 28 thermidor, l'an II de la République française, une et indivisible, s'est présenté au comité de surveillance, le citoyen N, qui a dit : je dénonce un tel pour avoir cherché à égarer le peuple de cette commune; j'invite le comité de (sic) le faire mettre provisoirement en arrestation; il est à Tulle, et d'informer contre lui; signé : N. — « Je me présente a jourd'hui.... pour déclarer au comité de surveillance de Tulle qu'il m'a été dit que, etc. (Signature).

Le comité de Tulle procédait, lui aussi, par interrogatoires : il faisait comparaître devant lui les citoyens signalés comme

(1) M. de Seilhac (*op. cil.*, p. 484), après avoir constat sans l'ex liquer, l'arrêt de l'activité du comité cent al à partir de frimaire, ajoute que le 4 janvier 1794, le représentant Lanot reconstitua le 1er comité de surveillance de la commune, auquel furent dévolus les droits du comité central, avec des pouvoirs encore plus étendus.

suspects; voici la formule la plus habituelle aux procès-verbaux des séances : « Le comité a mandé dans son sein le citoy n N, pour être interrogé.... le comité arrête que ledit citoyen sera provisoirement mis en arrestation, par mesure de sûreté générale ».

Il visait les passeports, il délivrait ou approuvait les certificats de civisme ou de résidence (1). Il observait exactement les prescriptions de la loi du 14 frimaire, qui obligeait les comités à correspondre régulièrement avec le comité de Sûreté générale et avec le district chargé de les surveiller (section II, art. 17); nous avons une certain nombre de ces relevés des opérations et travaux du comité, dont copie était adressée tous les dix jours au comité de Sûreté générale et à l'Agent national près le district de Tulle; le comité n'hésitait pas, s'il y avait lieu, à signaler à la Convention les assemblées similaires des autres départements, qui auraient manqué de civisme : c'est ainsi qu'il dénonce au comité de Sûreté générale, le comité de... « attendu qu'il n'a pas fait mettre en état d'arrestation le sieur N et sa femme, comme le comité de Tulle en avait exprimé le désir ».

Le bureau du comité se composait d'un président (les citoyens Reignac et Tramond, en l'an II; Pranchère, Régis et Lacombe, en l'an III), et d'un secrétaire; à la séance du 19 thermidor an II, (6 août 1794), un membre propose que le comité nomme un *rédacteur*, qui écrira les procès-verbaux des séances; les membres du bureau seraient renouvelés tous les 15 jours : cette motion fut adoptée après une discussion très vive.

Quant au sceau du comité, il différait de celui du comité central : cachet ovale, de 33 mm sur 27, cire rouge; légende : comité de surveillance de Tulle; en pointe, les majuscules RPB. FR; dessin : une femme debout, appuyée de la main droite sur des faisceaux, et tenant de la gauche, une pique surmontée d'un bonnet phrygien.

Les fonctions des comités ne s'exerçaient pas uniquement au lieu de leurs séances; parfois le comité communal déléguait deux de ses membres pour interroger les prisonniers ou les personnes signalées comme suspectes; nous avons plusieurs de ces interrogatoires qui ont lieu dans la maison de réclusion de Tulle (le ci-devant séminaire).

(1) Question essentielle, à l'époque, puisque l'absence de certificat pouvait entraîner, *ipso facto*, l'inscription sur une liste d'émigrés ou de suspects. (Cf. loi du 28 mars 1793, section III.)

Le comité central déléguait aussi, nous l'avons vu, deux de ses membres pour faire des sortes de tournées d'inspection dans le département; d'après un compte-rendu non daté de leurs opérations, ils déclarent avoir « tâché de reconnaître l'esprit et les mœurs » des communes parcourues; ils les classent en 3 catégories : 1º celles qui sont dans « les vrais principes de la Révolution »; 2º celles qui ne sont « pas assez instruites, mais dans de bonnes dispositions à vouloir se conformer aux lois »; 3º celles qui « se montraient mal »; à celles-là, les commissaires faisaient remarquer « qu'elles avaient encore quelque temps à ouvrir les yeux, à observer les manœuvres perfides de ces scélérats (I), à prendre, en conséquence, les moyens de s'en délivrer, en les faisant connaître et en les dénonçant comme tels; qu'alors on les recevrait à bras ouverts dans la société fraternelle de la Républiqu ».

On peut ramener à trois ou quatre les préoccupations des inspecteurs communaux : 1º ils recommandaient la création d'un comité de surveillance, si ce n'était déjà fait; 2º ils se documentaient sur le civisme des habitants, et tout spécialement, du maire et de l'officier public dont ils contrôlaient les registres; 3º ils vérifiaient les déclarations de grains (pommes de terre et châtaignes), et décidaient si la commune pouvait ou non fournir au grenier public; 4º ils s'occupaient enfin du serment du curé (pour voir s'il était ou non avec restriction) et du mobilier de l'église; les cloches étaient surtout l'objet de leur sollicitude : ils les faisaient descendre et conduire en général au chef-lieu; les deux délégués du comité central sont, ordinairement, Joseph Roux et Léger Debernard.

On comprend que les incarcérations en masse, ordonnées par les comités, aient soulevé des protestations; aussi les fonds départemental et communal, contiennent-ils de nombreuses suppliqu s adressées aux comités. Les unes pour faire révoquer un ordre d'incarcération obtenu, dit-on, par fraude ou par erreur; d'autres émanent de personnes protestant contre leur inscription sur la liste des suspects; telle la requête du citoyen Delmas, d'Ussel, à qui le conseil général de la commune avait accordé un certificat de civisme, visé par la société populaire; plus tard, le conseil supprima en bloc tous les certificats de ce genre; le citoyen Delmas proteste en disant qu'il ne se « connaît aucune cause d'incivisme »; qu'il n'a jamais quitté ses foyers; qu'il a toujours acquitté ses impositions, marché quand

(1) Les contre-révolutionnaires.

il en a été requis; enfin qu'il a un fils adjudant au 1ᵉʳ régiment
de hussards (1).

Beaucoup de ces pétitions étaient adressées au comité cen
tral (ou de salut public), du département, qui les renvoyait
pour avis aux comités communaux; certaines étaient rédigées
dans un style emphatique, qui ferait sourire aujourd'hui;
entr'autres, celle du cit. Chastagner, fils, d'Ussel, arrêté pour
avoir signé « l'acte de mariage de la Dˡˡᵉ Olympe Cosnac,
avec le citoyen Roussel », mariage célébré par un prêtre non
assermenté. Le conseil du district d'Ussel avait estimé,
le 25 avril 1793, qu'il y avait plutôt « dans la conduite du pé
titionnaire, de l'inattention et de faibles complaisances pour
des femmes, qu'une intention manifestée de nuire à la chose
publique », et qu'il y avait lieu de le relâcher, sous certaines
réserves; le malheureux n'en était pas moins sous les verrous,
en octobre 1793, et c'est alors qu'il s'adressa au comité central;
voici les passages les plus saillants de sa supplique : « L'acte
qui devait mettre au plus grand jour la pureté de mes principes, est devenu pour moi l'écueil de ma liberté.... confondu par-
mi les gens suspects, je vais expier une.... faute par une,...
peine que je redoute moins par sa durée, que par les taches
odieuses et ineffaçables dont elle va me couvrir, si votre justice
et votre humanité que j'invoque, ne mettent une juste fin
à mes maux; frère d'un défenseur de la Patrie, qui combat
pour la liberté commune, j'ai un droit de plus auprès de vous
à réclamer la mienne, etc. »

Beaucoup de suppliques commencent en ces termes, ou à
peu près : « J'ignore les motifs qui me retiennent en détention..;
ou bien « un tel vous expose qu'il ne connait point l'ordre en
vertu duquel il a été privé de sa liberté, ni les motifs qui ont
rendu sa détention nécessaire.... »

Fréquentes sont les pétitions de détenus qui réclament la
faveur de faire porter dans leur prison des vivres qu'ils ont
chez eux : ainsi, le 8 prairial an II, la veuve Bassaler expose
au comité de Tulle son extrême misère et celle de ses filles;
elle demande du lard, qui est dans une petite chambre, chez
elle; le comité, après une longue délibération, considérant :
1º que le lard est une marchandise comestible et sujette à se
corrompre; 2º qu'avant que le sort des détenus soit décidé,
ledit lard serait gâté; 3º qu'en outre, son produit serait de

(1) Sur une question connexe, les erreurs dans la formation
des listes d'émigrés, on lira avec fruit l'ouvrage de M. Marcel
Marion, *La vente des biens nationaux pendant la Révolution.*
— Paris, H. Champion, 1908; pp. 139 et suiv.

petite valeur, décide de nommer deux commissaires à l'effet de lever les scellés sur le petit cabinet qui renferme cette denrée.

Enfin, un des rôles essentiels des comités de surveillance, d'après le décret du 17 septembre 1793, était de faire apposer les scellés sur les papiers des gens suspects; sur cette branche de l'activité du comité, on trouve des renseignements abondants aux archives de la Ville.

Le plus souvent, les scellés étaient mis ou levés par un membre du comité et un officier municipal, accompagné ou non d'un secrétaire-greffier; le délégué du comité, pouvait être remplacé par l'Agent national près le district; la formule suivante est presque de style dans le compte-rendu de ces opérations : « Nous, soussignés, officier municipal et membre du comité de surveillance (ou : révolutionnaire), commissaires nommés à l'effet de procéder à la pose (ou : à la levée) des scellés..... nous nous sommes transportés chez le citoyen N.... ou, étant, avons procédé comme suit..... » L'ordre de mettre les scellés peut être donné soit par le comité de surveillance (en vertu des ordres à nous transmis par le comité de surveillance de la commune de Tulle); soit par l'Agent national (en exécution de la commission qui nous a été adressée le..... signée.... Agent national); soit en vertu d'un arrêté pris par l'administration du département, du district, ou par l'administration centrale du département (1); on trouve même parfois la formule suivante : « en vertu d'une invitation qui nous a été faite p r le citoyen N, membre du comité révolutionnaire de Tulle à l'effet d'apposer les scellés chez... », etc.

Les commissaires n'opéraient pas toujours à Tulle, mais dans toute l'étendue de la commune et même dans les communes limitrophes; ils agissaient autant que possible, en présence de l'intéressé et toujours de deux témoins, qui signaient avec eux le procès-verbal de l'opération; avant de poser les scellés; ils faisaient l'inventaire des effets et du mobilier, puis signaient quelquefois, et cachetaient toujours les scellés du sceau en cire rouge du comité; avant de lever les scellés, les commissaires s'assuraient si la bande et le cachet étaient intacts, puis ils vérifiaient l'inventaire; au moment de la pose, ils désignaient un garde-scellés, à moins qu'il n'y en eût de volontaires, pour empêcher toute dégradation (et, de suite, s'est présenté le cit. N, qui s'est volontairement rendu garde-scellés, et a

____

(1) Sous l'empire de la constitution du 5 fructidor an III.

promis de les représenter intacts à toute réquisition) (1).

Parfois, enfin, c'est en vertu d'arrêtés du comité de Sûreté générale, qu'agissaient l'Agent national et les membres du comité ; c'est ainsi que le 12 messidor an II, l'Agent national près le district de Tulle et les deux membres du comité de surveillance,« en exécution de l'arrêté du comité de Sûreté générale du 23 prairial », se rendent chez le citoyen N, à l'effet de procéder à la levée des scellés apposés sur son bureau.

Après cet exposé, tout succinct et incomplet qu'il soit, des différents modes de l'activité des comités de Tulle, on comprend le jugement ci-après, porté sur ces groupements par les membres du comité de Sûreté générale : « La Convention nationale, chargée par le peuple de le conduire à la liberté et au bonheur, a remis dans nos mains le pouvoir d'enchaîner les ennemis intérieurs, et nous avons pour coopérate rs dans cette tâche, les comités de surveillance (2) établis sur tous les points de la République ».

(1) Au sujet des reproches qu'on a pu adresser dès le Directoire, aux gardiens de scellés et aux membres des comités révolutionnaires. Cf. M. Marion, *op. cit.*, pp. 237 et 238 (note 1).

(2) Circulaire adressée par le Comité, en frimaire an II, aux administrations des districts. Voici la liste des différents comités établis en Corrèze, de ceux du moins nont un dossier plus ou moins volnmineux existe aux archives du département : comités d'Aibignac, Allassac, Altillac, Argental Ayen, Beaulieu, Bilhac, Branceilles, Brive, Chamberet, Chameyrat, Chasteaux, Collonges, Condat, Corniı, Cosnac, Cublac. Curemonte, Dampniat, Donzenac, Espartignac, Estivals, Eyburie, Forgès, Gimel, Hautefage, Juillac, Lachapelle-aux-Saints, Lafage, Lagraulière, Larche, Lissac, Lostanges, Louignac, Lubersac, Marcillac-la-Croze, Masseret, Meyssac, Montgibaud, Naves, Noailhac, Obazine, Perpezac-le-Blanc, Puy-d'Arnac. Reygade, Saint-Aulaire, St-Bonnet-Avalouze, St-Cernin, Saint-Chamant, St-Cyprien, Ste-Féréole, St-Genès, St-Julien, Saint-Martial-d'Entraygues, St-Martin-Sepert, Saint-Pantaléon-de-Larche, St-Pardoux-l'Ortigier, St-Paul, St-Robert St-Sylvain, St-Viance, St-Ybard, Salon, Ségur, Séri hac, Treignac, Tulle, Turenne, Ussac, Ussel, Uzerche, Vars, Vigeois, Voutezac, Yssandon. Soit en tout 75 comités.